Das Tintenbuch
Rezeptbuch für angehende Tintenköche
Eine bunte Sammlung historischer
Tintenrezepte

AF201351

Till Müller (Hrsg.)

Das Tintenbuch

Rezeptbuch für angehende Tintenköche

Eine bunte Sammlung historischer
Tintenrezepte

Impressum:
2. Auflage 2017
Früherer Titel: „Tintenrezepte aus zwei Jahrhunderten"
© 2016 Till Müller (Hrsg.)
Herstellung und Verlag: BoD – Books on Demand, Norderstedt.
ISBN: 978-3-744-87511-0

Inhalt

GEFAHRENHINWEISE

Die in den historischen Rezepten verwendeten Zutaten sind größtenteils giftig.

Der Arbeitsplatz sollte daher gut belüftet sein. Schutzbrille und Schutzhandschuhe sind unbedingt erforderlich, gegebenenfalls auch ein Atemschutz, wenn mit Säuren gearbeitet wird.

Kinder sind von diesen Materialien unbedingt fernzuhalten, Chemikalien sind grundsätzlich außerhalb der Reichweite von Kindern aufzubewahren.

Es muß sehr genau auf die Gefahrenhinweise auf den Materialverpackungen geachtet werden.

Sollte trotz aller Vorsichtsmaßnahmen ein Unfall geschehen: Sofort zum Arzt!

Des Weiteren muss darauf geachtet werden, anfallende Chemikalienreste ordnungsgemäß zu entsorgen.

Rezept-Sammlung
Zu
Schwarzen, roten, grünen und anderen Tinten

Herausgegeben von J. C. Wegener

Flensburg beim Buchbinder J. F. Sauermann
Einbeck,
bei Heinrich Ehlers

1820

Vorwort

Die schwarze Tinte ist in unseren Zeiten, Kultur-
zustand und Lebensverhältnissen neben der Buch-
druckerei, nicht nur ein sehr notwendiges, sondern
vorzüglich wegen Fortdauer der Schriften ein sehr
wichtiges und wohl zu beobachtendes Hilfsmittel,
um die Erscheinungen und Äußerungen der geis-
tigen wie der Körperwelt für die Gegenwart und
Zukunft genau festhalten und mitteilen zu können;
und sie verdient daher dieser ihrer wichtigen
Zwecke wegen, wirklich mehr Sorgfalt und Be-
achtung, als ihr gewöhnlich und im allgemeinen
gewidmet wird.
Sehr viele unangenehme Erfahrungen und Hinder-
nisse für den Diplomatiker und Altertumsforscher,
wenn die Urkunden und Schriften verbleicht und
daher unerkennbar geworden sind, für den Schön-
schreiber, wenn die Tinte nicht gleichförmig und
leicht aus der Feder fließt; für schlechte Augen, oder
auch, was nicht jedes Mal zu vermeiden ist, bei

nicht genügsam beleuchteten Schreibplätzen, wenn sie da nicht auch schon sogleich bei und während dem Schreiben gehörig schwarz erscheint, sondern wie es oft der Fall ist, erst in einiger Zeit nachschwärzt, oder auf einem dunklen oder farbigen Grund geschrieben werden muß, wie auch die Unwirtlichkeit mit der Tinte, wenn sie leicht schimmelt oder gar verdirbt, und man so oft und diesen Bodensatz aus den Tintenfässern ganz ohne einen weiteren Nutzen wegschütten muß; alles sind Beweggründe genug, um darüber nachzudenken und zu erforschen, wie diesen mit mehrfachen Einflüssen verbundenen Übelständen sicher abzuhelfen und bestimmt vorzukehren sei; auch mit Benutzung der früheren Vorschriften mit leicht anwendbarer Behandlung auszumitteln, um den obigen Forderungen und Bemerkungen nach, ganz zweckerfüllende Vorschriften mit leicht anwendbarer Behandlung auszumitteln. Dieses dürfte nun durch die gegenwärtige Rezept-Sammlung zur Verfertigung vorzüglich guter und vollkommen schwarzer und anderer Tinten der Fall sein, welche sich dem Schreibmeister, Geschäfts- und Kaufmann, so wie dem Schreiber überhaupt in mancher Hinsicht sehr empfehlen werden.

Zur Erlangung guter, schwarzer Tinten ist indes vor, bei und nach der Bereitung derselben überhaupt zu bemerken, daß je mehr man den Galläpfeln Vitriol zusetzt, die Tinte zwar anfänglich umso viel schwärzer erscheint, aber auch dadurch nur gelber wird und das Papier durchfrißt; da im Gegenteil die Tinte in dem Verhältnis, wie man weniger Vitriol dazu nimmt, desto mehr Dauer und Schwärze erhält, ob sie sich gleich anfangs ein wenig blaß zeigt. Nimmt man ferner zu viel

Gummi, so fließt sie nicht leicht aus der Feder, und werden endlich zu viel Galläpfel genommen, so wird die Tinte nicht hinlänglich schwarz. Hieraus ergibt sich denn von selbst, daß bei der Bereitung einer Tinte das richtigste Mengenverhältnis der dazu erforderlichen Ingredienzien ein Haupterfordernis sei. Da aber auch auf der anderen Seite wieder ausgemacht ist, daß eine Tinte bei dem richtigsten Verhältnis der Bestandteile, und der besten Vorsicht bei ihrer Zubereitung, dennoch nicht brauchbar werden kann, wenn die Zutaten nicht von bester Güte und Auswahl sind, so gehört eine genaue Kenntnis von den guten Eigenschaften derselben beim Einkauf dazu, wenn man nicht, wie die Erfahrung gelehrt hat, durch Schaden klug werden soll.

Die erforderlichen guten Eigenschaften der Ingredienzien zu schwarzen Tinten sind nun:

1.Reiner, in der Apotheke bereiteter Eisen-Vitriol. Dieser muß eine flaschengrüne Farbe haben, fest und trocken sein.[1]

Man muß ihn zerstoßen und flach ausgebreitet in mäßiger Wärme zerfallen lassen. Es ist auch Kupfer-Vitriol, welcher hellgrün aussieht, zu haben, dieser ist aber der Tinte mehr schädlich als nützlich, indem dadurch die Schrift statt schwarz, gelb wird.

2.Beste Galläpfel. Aus diesen muß man nur die äußerlich schwarzblauen oder schwärzlich grauen, stacheligen, undurchlöcherten von mittlerer Größe,

---

[1] Wenn seine Farbe ins Bläuliche spielt, so ist Kupfer-Vitriol darunter, welcher umso häufiger vorhanden ist, je blauer er aussieht.

und die schwersten, welche inwendig gelb sind, auswählen. Diese verursachen eigentlich die Schwärze, indem das zusammenziehende Salz derselben sich mit dem Eisen-Vitriol verbindet; die Vitriol-Säure muß die Galläpfel so durchdringen, daß sie damit gesättigt werden.

3.Bieressig. Der echte Bieressig muß mehr weiß und hell, als braun, und darf nicht rahmig sein.

4.Reines arabisches Gummi. Hiervon muß man die weißgelben, hellen, durchsichtigen und größeren Stücke auswählen, vorzüglich die, welche leicht brechen, blank im Bruch sind und weder Geschmack noch Geruch haben. Das reine arabische Gummi, welches oft mit Pflaumen- Mandel- und Kirschbaumharz vermischt, verkauft wird, muß sich im Wasser völlig auflösen, und die Auflösung hell und klar sein. Durch dieses Gummi wird nun die Schwärze der Tinte sehr erhöht, und gibt derselben Glanz und Festigkeit. Dasjenige aber, welches die Größe etwa der Haselnüsse hat, ganz rot und glatt ist, ist das schlechteste, weil es sich nicht auflöst, in der Tinte wie eine Gallerte bleibt, und wie Leim klebt.

5.Alaun erhält die Tinte klar und rein, daß sie keinen Bodensatz bekommt.
Anmerkung: Vorstehende Zutaten müssen immer zerstoßensein, wenn es auch bei den Rezepten nicht vermerkt sein sollte.

6. Blauholz. Dieses Holz muß unter der Rinde weiß, der Kern aber dunkelrot sein. Je größer die Späne sind, desto besser ist solches.

7. Salz verhütet, daß die Tinte nicht zu dick wird; hilft auch wider den Schimmel.

8. Von Wasser, welches verhütet, daß der Essig nicht durchbeißt, ist Regen- und Schneewasser am besten, oder es mußFlußwasser sein.

Unglasierte Gefäße sind besser als glasierte, weil die Glasur leicht die Tinte verdirbt.

Die Tinten müssen in sehr reinen irdenen Flaschen, wohl verkorkt, an einem mehr warmen als kühlen Ort aufbewahrt werden, und zu Tintenfässern muß man sich solcher von Glas oder Porzellan bedienen.

Auch ist es gut, vor dem jedesmaligen Schreiben den im Tintenfaß befindlichen feinen Bodensatz durch Umrühren mit einem dicken Eisendraht oder eisernen Nagel gleichförmig zu vermischen.

1. Abteilung
Zubereitung schwarzer Tinten

1.
Schwarze Dresdener Tinte

Man nehme 2 Pfund Galläpfel, ½ Pfund Eisen-Vitriol, 12 Lot arabisches Gummi, 4 Lot Grünspan und 4 Lot Alaun. Diese Zutaten, wenn man sie zu Pulver zerstoßen und eine kleine Hand voll gewöhnliches Küchensalz[2] darunter gemengt hat, werden untereinander gemischt. Alsdann tut man dieses in einen unglasierten Topf und schüttet 2 Maß Bieressig darauf. Wenn dieses nun zwei Tage gestanden, so gießt man 2 Maß Regenwasser dazu, rührt diese Masse täglich mehrmals um, und nach Verlauf von 8 Tagen gießt man die flüssige Materie ab.

Den Zurückgebliebenen Satz kann man mehrmals gebrauchen, wenn man 8 Lot gestoßene Galläpfel, 1 Maß Essig und 1 Maß Wasser darauf gibt, und nachdem es einige Zeit gestanden hat und öfters umgerührt ist, kann es zu der anderen Tinte gegeben werden.

2.

Man koche 3 Lot Blauholz und 8 Lot Eisen-Vitriol mit 2 Pfund Bieressig und 2 Pfund reinen Fluß-, Regen- oder Schneewasser so lange, bis sich der Vitriol aufgelöst hat. Hierauf nimmt man den dazu

---

[2] Da es heute nur noch Küchensalz mit chemischen Zusätzen gibt, welches daher verunreinigt ist, greife man besser auf reines Meersalz zurück.

gebrauchten neuen irdenen Topf vom Feuer und rührt 16 Lot gröblich zerstoßene Galläpfel unter die Flüssigkeit. Nun läßt man alles 12 Stunden lang stehen, und seiht nachher die Brühe durch eine Stück groben Flanell, worauf man derselben 2 Lot klein zerstoßenen, im Wasser aufgelösten und ebenfalls durchgeseihten Gummi zusetzt; so ist die Tinte nach einigen Tagen vollkommen schwarz und völlig brauchbar.

3.

Man nehme 1 ½ Maß Essig, ½ Maß Regenwasser, ½ Maß Urin, ½ Pfund Galläpfel, 6 Lot Eisen-Vitriol, 5 Lot Gummi arabicum, 2 Lot Alaun und eine halbe Hand voll Salz. Stoße dieses und mische alles untereinander, und gib es in einen unglasierten Topf. Den Essig, das Wasser und den Urin mache warm, dann schütte es über die anderen Zutaten, setze es auf Kohlenfeuer und rühre es ¾ Stunde lang bei mäßiger Hitze um. Danach nimmt man den Topf vom Kohlenfeuer ab, läßt ihn ungefähr 12 Tage so stehen, doch rühre die Masse täglich mehrmals um. Darauf gebe man es durch Leinwand in eine Flasche, tue einige zerstoßene Galläpfel hinein, rühre es wieder einige Male um und setze dann die Flasche zur Aufbewahrung in den Keller.

4.

Man nimmt 1 Maß Regenwasser, gibt es in einen neuen Topf, und setzt es dann auf Kohlenfeuer, daß es heiß werde, aber nicht koche; dann tue man 4 Lot Galläpfel, 2 Lot Eisen-Vitriol und 2 ½ Lot arabisches Gummi. Das alles zerstoßen sein muß, dazu, rühre diese Masse untereinander und gib sie dann durch Leinwand in eine Flasche.

5.

Man nehme 1 Maß Bieressig und tue 2 Lot zerstoßene Galläpfel hinein, dieses lasse man auf einem Feuer so lange kochen, bis es etwas rötlich geworden ist; nun gibt man 3 Quentchen Eisen-Vitriol dazu und läßt es damit aufwallen, dann nehme man es vom Feuer und gebe gleich 1 Lot arabischen Gummi und 1 ½ Quentchen Alaun, beides klein gestoßen, dazu., rühre es danach durcheinander, bis es erkaltet ist, und gieße das Klare in eine Flasche, aber das Zurückgebliebene schütte weg.

6.

Man nehme 8 Lot Galläpfel, 4 Lot Eisen-Vitriol, 1 ½ Lot arabisches Gummi, 1 Maß Wein[3] und ½ Maß Wasser. Dieses alles tut man in einen neuen Topf, stellt ihn einige Zeit in die Wärme und rührt es täglich mehrmals um. Danach läßt man es auf einem gelinden Feuer etwas aufwallen, aber ja nicht kochen. Wenn es nun abgenommen und erkaltet ist, so gibt man die Masse durch Leinwand in eine Flasche, und tut noch ein wenig Eisen-Vitriol, etwas arabisches Gummi und rectificirtenSpiritumVini[4] dazu.

---

[3] Es empfiehlt sich, dabei stets Rotwein zu benutzen.
[4] D. i. reinster Weingeist.

7.

Man nehme 8 Lot Galläpfel, stoße diese gröblich, tue sie dann in einen neuen Topf und gieße ½ Maß Bieressig dazu; dann nehme man einen kleinen Topf und tue 3 Lot arabisches Gummi und ⅛ Maß Bieressig dazu. Lasse diese 3 Töpfe einige Tage verdeckt stehen, danach setze den Topf mit den Galläpfeln auf das Feuer, und wenn es aufwallt, oder anfangen will zu kochen, so setze den Topf behutsam ab und gieße diese Masse, wie die aus den beiden anderen Töpfen, durch ein leinenes Tuch in eine Flasche.

8.

Nimm 8 Lot Galläpfel, 4 Lot Eisen-Vitriol und 2 Lot arabisches Gummi, gieße ½ Maß Essig und ½ Maß Regenwasser dazu, lasse es dann mehrere Tage in der Wärme stehen und rühre es oft um. Danach gießt man das Klare in eine Flasche, das Dicke schüttet man aber weg.

9.

Nimm 6 Lot Galläpfel, 3 Lot Eisen-Vitriol, 4 Lot Erlenknospen, (von denen, die die Hutmacher gebrauchen) und 1 Quentchen Alaun. Nachdem alles zerstoßen, tue es in einen neuen Topf, gieße 1 ½ Maß Bier und ½ Maß Essig darüber, setze es dann an einen warmen Ort und rühre es einige Tage mehrmals stark um. Danach gib es durch ein wollendes Tuch in eine Flasche.

10.

Nimm 5 Lot Galläpfel, 3 Lot Eisen-Vitriol, 1 Lot arabisches Gummi und 1 Quentchen Salz; All dieses gibt man in einen neuen Topf, gießt 1 Maß heiß gemachten Wein darauf, und deckt den Topf so zu, daß er gar keine Öffnung hat. Dann stellt man denselben auf einen warmen Ofen und rührt die Masse täglich mehrmals um. Nach einigen Tagen kann man die Tinte probieren und wenn sie schwarz genug ist, vom Ofen abnehmen.

11.

Man nimmt 10 Lot Galläpfel, 6 Lot Eisen-Vitriol, 1 ½ Lot arabisches Gummi, 1 Lot Alaun, eine kleine Hand voll Salz, ⅛ Maß Wein, ebenso viel Bieressig und 1 Maß Regenwasser. Dieses tut man zusammen in einen neuen Topf, läßt es einige Tage zum Auflösen stehen, und setzt es dann ungefähr eine halbe Stunde auf gelindes Kohlenfeuer; danach gießt man das Klare ab und die Tinte ist fertig. Die zurückgebliebene Masse läßt man verdeckt stehen, bis man wieder Tinte anrichten will. Hierzu gibt man dann etwas Essig, 2 Lot Galläpfel und ½ Maß Wasser, setzt es ein wenig auf Kohlenfeuer, danach gibt man das Klare durch ein Tuch in eine Flasche und den Satz schüttet man weg.

12.

Man nehme 1 ½ Maß Regenwasser, tue dieses mit 6 Lot Galläpfel in einem unglasierten neuen Topf und lasse solches zwei Tage an einer warmen Stelle stehen. Danach rühre man 4 Lot kleingestoßenen

Eisen-Vitriol dazwischen und lasse es wieder so lange in der Wärme stehen. Darauf gibt man 2 Lot arabisches Gummi und 2 Lot Granatäpfelschale dazu, lasse es auf gelindem Kohlenfeuer etwas einkochen, und gieße dann das Klare in eine Flasche.

13.

12 Lot Eisen-Vitriol und 1 Maß reines Fluß- oder Regenwasser tue in eine Flasche und lasse es 3 Tage unter öfterem Umschütteln stehen, dann tue man 18 Lot Galläpfel in einen Topf und gieße gleichfalls 1 Maß reines Wasser darüber und lasse es auf einem gelinden Feuer etwas einkochen; nun nimmt man es ab und gibt es durch ein Tuch und drückt dasselbe aus. Nun tut man 5 Lot zerstoßenen arabischen Gummi dazu, rührt es untereinander und gibt es durch ein Tuch, gießt wieder etwas Essig nach und drückt dann das Tuch aus; danach läßt man die Masse erkalten, gibt sie in eine andere Flasche und versieht beide Flaschen mit Korken. Will man nun Tinte gebrauchen, so nimmt man aus beiden Flaschen gleichviel. – Arabisches Gummi und etwas Alaun kann man nach Gutbefinden noch zusetzen.

14.

Man nehme 16 Lot Galläpfel, 12 Lot Eisen-Vitriol, 4 Lot arabisches Gummi und ½ Maß Weinessig, lasse dieses zwei Mal 24 Stunden stehen, gieße alsdann 2 Maß Regenwasser hinzu, und setze dieses zusammen ungefähr 8 Tage auf einen warmen Ofen, oder im Sommer in die Sonne. Danach gibt man die Masse durch ein Tuch, gießt noch 1 Maß Bieressig dazu, und setzt sie dann wieder einige Wochen in die Wärme. Diese Tinte ist besonders gut.

15.

Man nehme 6 Lot Galläpfel, 4 Lot Eisen-Vitriol, 2 Lot arabisches Gummi und 1 ¼ Maß Wein. Die Galläpfel stoße man gröblich, tue sie dann in ein irdenes Gefäß, gieße den Wein darauf, lasse dieses 10 Tage in der Wärme stehen und rühre es täglich einige Male um. Danach setze es auf ein gelindes Feuer und lasse es allmählich, aber ja nicht zu stark kochen. Wenn es nun wieder erkaltet ist, so gebe man es durch Leinwand, tue etwas gestoßenes Eisen-Vitriol und arabisches Gummi dazu, und setze es noch einige Tage an einen warmen Ort. Alsdann kann die Masse in eine Flasche zum Gebrauch gegeben werden.

16.

Man nehme 16 Lot Galläpfel, 8 Lot Eisen-Vitriol, 4 Lot arabisches Gummi, 1 ½ Lot Alaun, ein wenig Salz, ¾ Maß Wein, ½ Maß Weinessig und ½ Maß Wasser. Alsdann tut man die zerstoßenen Galläpfel in ein Gefäß, gießt von den vermischten flüssigen Teilen die Hälfte darüber, tut den Vitriol auch in ein besonderes Gefäß und gießt von der übriggebliebenen flüssigen Masse die Hälfte über den Vitriol. Danach tut man den arabischen Gummi, Alaun und das Salz wieder in ein besonderes Gefäß, und gießt den Rest der flüssigen Teile hierüber, deckt dann die drei Gefäße zu, läßt sie einige Tage stehen, rührt aber die Masse täglich öfters um. Am fünften Tage stellt man das Gefäß mit den Galläpfeln auf ein gelindes Feuer und wenn es anfangen will zu kochen, so nimmt man sie ab und gibt sie durch reine Leinwand in ein anderes Gefäß; nun gibt man das, was in den beiden anderen Gefäßen ist, zu den durchgelaufenen Galläpfeln, rührt es durcheinander und läßt es einige Tage stehen; es muß aber täglich einige Male umgerührt werden. Danach läßt man die Masse sich setzen und gibt dann das ganze nochmals durch Leinwand in eine Flasche. Auf den zurückgebliebenen Satz gieße Regenwasser und hebe dasselbe auf, bis man wieder Tinte anrichten will, alsdann tut man dieses zur neuen Masse.

17.

Man nehme 16 Lot Blauholz und ebenso viel Eisen-Vitriol, gebe dieses zusammen in einen Topf, gieße ½ Maß Weinessig und ebenso viel Regenwasser darauf, lasse dieses eine Nacht stehen und dann auf Kohlenfeuer einkochen, daß es nur die Hälfte bleibt. Nachdem nimmt man es vom Feuer ab und wenn es kalt geworden, gibt man die Masse durch Leinwand in eine Flasche. Nun tue 8 Lot Galläpfel, 4 Lot arabisches Gummi, 2 Lot Alaun und 1 Lot Indigo, gröblich zerstoßen, mit der gekochten Masse in eine Flasche und lasse diese nun noch ungefähr 14 Tage auf einem warmen Ofen oder des Sommers in der Sonne stehen. Dies ist dann eine sehr gute Tinte.

18.

Man kocht ein Pfund zerstoßene Galläpfel in sechs Pfund Regenwasser ein, bis zwei Drittel des Wassers zurückbleiben, setzt vier Lot arabischen Gummi, welchen man in einem halben Glas Essig aufgelöst hat, zu; tut in den Absud ein halbes Pfund Eisen-Vitriol, läßt es noch einige Augenblicke kochen, alsdann ruhig stehen und gießt die Tinte ab. Man bewahrt sie in gut verschlossenen Flaschen auf.

19.

Man nimmt zwei Maß Flußwasser, ein Maß weißen Wein und 1 Pfund zerstoßene Galläpfel, tut alles zusammen, läßt es 24 Stunden stehen, und rührt von Zeit zu Zeit den Aufguß um. Darauf läßt man ihn eine halbe Stunde lang kochen, nimmt das Gefäß vom Feuer weg, und setzt der Flüssigkeit vier Lot arabischen Gummi, ein halbes Pfund Eisen-Vitriol und sechs Lot Alaun zu. Man läßt das Ganze nochmals 24 Stunden einweichen, kocht es abermals eine Viertelstunde, läßt es ruhig stehen und seiht die erkaltete Tinte durch ein leinenes Tuch, und bewahrt sie in gut zugekorkten Flaschen auf.

20.

Man lasse 6 Lot zerstoßene Galläpfel und 2 Lot Eisen-Vitriol mit einem Maß Wein- oder Bieressig in einem irdenen Topf kochen und etliche Male miteinander aufwallen, dann schütte man 2 Lot zerstoßenes arabisches Gummi hinzu, und, wenn die Masse kalt geworden, gieße sie in eine Glasflasche zum Gebrauch.

Diese Tinte fließt sogleich kohlschwarz aus der Feder und bleibt nach mehreren Jahren ebenso schwarz, als sie am ersten Tage war, auch schimmelt sie nicht,

Der Satz, der sich nach und nach in dem Tintenfaß sammelt, kann durch hinzugeschütteten Weinessig zu einer guten Tinte wieder gemacht werden.

2. Abteilung

Zubereitung roter Tinten

1.
Die berühmte rote Dresdener Tinte.

Man nehme 4 Lot Rotspan[5], gieße 1 Maß guten Essig darauf, und lasse es gut einkochen. Danach gieße man das Klare ab in eine Flasche, tue ein wenig arabisches Gummi, einer Erbse groß Gummi Tragant und etwas Alaun hinzu, lasse diese Masse einige Tage bei öfterem Umrühren stehen, so ist die Tinte fertig.

2.

Man nehme ¼ Pfund vom besten Fernambukholz[6], lasse dieses 24 Stunden in reinem Flußwasser weichen, gieße hernach die schmutzige Brühe weg und spüle den Fernambuk nochmals mit reinem Wasser aus. Ist dies geschehen, so wird der Fernambuk unter Zusetzung von 2 Lot gutem klaren Alaun und ebenso viel gereinigten Weinsteinkristallen in 1 ½ Maß reinem Regenwasser bis zur Hälfte eingekocht, und zwar in einem glasierten Gefäß, unter öfterem Umrühren mit einem reinen

---

[5] D. i. rotes Eisenoxid.
[6] Andere Namen: Brasilienholz, Rotholz.

Stäbchen von weicherem Holz. Hernach nimmt mandie Farbenbrühe vom Feuer, läßt sie sich ruhig setzen, und filtriert sie durch Leinwand. Dann stößt man 2 Lot vom reinsten, weißen, arabischen Gummi, und läßt ihn in der warmen Brühe auflösen. Sollte die Tinte dennoch zu flüssig sein, so kann nach Befinden noch mehr Gummi zugesetzt werden.

3.

Nimm 1 Pfund Heidelbeeren, 1 Lot Alaun, ½ Lot Kupferasche und ½ Maß reines Wasser. Dieses tue man zusammen in einen Kessel und lasse es auf dem Feuer einige Finger breit einkochen, dann nehme man es ab und wenn es nun kalt geworden, so drücke die Masse durch ein Tuch. Danach gieße das Klare in eine Flasche und tue Gummiwasser dazu, so gibt es eine Purpurfarbe.

4.

2 Lot Fernambukspäne, 2 Quentchen Alaun und ein Quentchen arabischen Gummi wird mit einem halben Nößel Weinessig sehr gelinde gekocht und dann das Klare in eine Flasche zum Gebrauch abgegossen.

5.

Man nehme ein Stück ungelöschten Kalk, ungefähr von der Größe eines Hühnereies, tue solchen in einen Topf, gieße Wasser darauf und lasse es 4 Tage läutern, dann gieße man das Klare ab und tue 1 Lot Brasilienholzspäne in dieses Kalkwasser, lasse es 3 oder 4 Tage verdeckt stehen, tue hernach noch so viel Weinessig als man Wasser nahm dazu, und lasse diese Masse auf Kohlenfeuer bis zur Hälfte einkochen, dann nimmt man sie vom Feuer und gibt etwas Alaun und arabisches Gummi hinzu.

6.

Man nehme 1 Lot Brasilienholzspäne, das Weiße von 2 Eiern, welches stark abgequirlt ist, und einer Haselnuß groß Alaun, mische alles untereinander, setze die Masse einige Tage in die Sonne oder auf einen warmen Ofen, und rühre sie täglich mehrmals um. Danach drücke die Masse durch reine Leinwand und destilliere sie mit klarem Gummiwasser.

7.

Ganz klein geschnittenes Fernambukholz, tue in ein unglasiertes Töpfchen, gieße guten Weinessig darauf, und lasse ihn vier Stunden darin weichen. Nun gieße halb ein halb ander gutes, helles Bier und klares Brunnenwasser auf das Fernambukholz, daß die Flüssigkeit zwei Finger breit darüber stehe, und setze es auf ein gelindes Feuer, damit die Masse beim Kochen nicht überlaufe. Hat es nun eine Zeitlang gekocht, so gebe man ein kleines Stück zerstoßenen Alaun und ein wenig arabischen Gummi hinzu, und lasse es nochmals aufkochen. Danach gibt man die Tinte durch Leinwand in eine Flasche.
Statt des Alauns kann man auch so viel guten, weißen Salmiak nehmen, so wird die Tinte schön hell.

Bemerkungen zu roten Tinten.

Die Gefäße oder Töpfe und Gläser müssen sehr sauber, nicht fettig und ohne Staub sein.
Bei schönem Wetter ist es am besten die Tinte anzurichten.
Zu Erhaltung der Tinten kann man zu Zeiten etwas weißen Zucker oder weißen Kandis in die Flasche geben.

3. Abteilung

Zubereitung grüner Tinten

1.

Man nehme 4 Lot Grünspan, 2 Lot Weinstein und 1 Lot arabisches Gummi, dieses alles stoße man ganz klein und mische es untereinander, dann gieße 8 Lot Regenwasser darauf und lasse es nun einige Tage an einem mäßig warmen Ort stehen, so hat man eine gute Tinte,

2.

2 Lot zerstoßenen Grünspan, ½ Lot arabisches Gummi und 1 Quentchen Curcuma wird in ein halbes Quart Weinessig getan, und dann eine Zeit lang an einen warmen Ort gestellt. Man kann sie nach und nach probieren, bis die Tinte das gehörige schöne Grün hat.

3.

Grünspan reibe auf einem Reibestein, tue ein biß-
chen Honig und ein wenig Safran dazu, versetze es
mit saurem Wein oder Weinessig und laß es darin
eine Weile ausziehen.

4.

Nimm Grünspan, reibe solchen klar, dann gib Wein-
essig darüber und lasse es zwei Tage in einer gelin-
den Wärme stehen. Danach tue etwas arabischen
Gummi, ein wenig Gummi Tragant und etwas
Safran dazu, und seihe es durch Leinwand in eine
Flasche.

5.

Man nehme frische Holunderblätter, presse den Saft
daraus, vermische ihn mit etwas feinzerstoßenem
Alaun und gebe die Masse zum Gebrauch in eine
Flasche.

6.

Gieße Flußwasser über Grünspan, wirf ein wenig
Cremor-Tartari dazu, so wird der Grünspan aufgelöst und die Tinktur herausgezogen, dann etwas
arabisches Gummi und gutes Saftgrün dazugetan.

4. Abteilung

Zubereitung verschiedener anderer Tinten

Blaue Tinte

Die schönste blaue Tinte bekommt man, wenn man auf 1 Lot geläutertes Braunschweigisches Grün auch ein Lot reines Brunnenwasser schüttet, worin ersteres sich ganz auflöst.

Man kann auch ein Lot Lackmus mit einem halben Quentchen Weinsteinsalz und 4 Lot Wasser an einem warmen Ort hinlänglich ausziehen lassen, und dann ein Quentchen zerstoßenen arabischen Gummi hinzuschütten.

Gelbe Tinte

Hierzu kann man 2 Quentchen recht reines ausgesuchtes Auripigment aufs allerfeinste reiben und mit 2 Lot starkem Gummiwasser vermischen. Oder man weicht ein halbes Quentchen zerstoßenen Safran in 2 Lot starkem Gummiwasser etliche Tage ein, und seiht es hernach durch Leinwand, damit das Pulver zurückbleibe,

Weiße Tinte auf Schwarz zu verfertigen

Man nehme Bleiweiß, reibe dasselbe recht fein, mache es mit starkem Gummiwasser und Eiweiß an, so kann man damit auf Schwarz schreiben.

Weiße Tinte auf weißem Papier

Eine Quantität Eierschalen wasche rein ab und reibe sie auf einem Reibestein mit Wasser ganz fein, tue das Geriebene auf eine Schüssel und lasse es stehen, bis es sich gesetzt hat, dann gieße man das Wasser ab und lasse die Materie trocknen. Nimm nun reinen Gummi Ammoniacum, lege diesen in Essigessenz, bis er zergeht, dann tue ein wenig des gemachten Pulvers hinein, schreibe damit auf weißem Papier, und es wird diese Tinte bei weitem weißer sein als das Papier selbst.

Goldfarbige Tinte

Nimm 2 Lot Auripigment und 2 Lot Kristall,[7] stoße dieses zu Pulver und mische dieses mit Eiweiß, das durch einen Schwamm geläutert ist, durcheinander. Oder nimm Weinessig und Salmiak, vermische beides miteinander und schreibe damit. Wenn es trocken geworden, so wiederhole das Schreiben drei- oder viermal.

Unauslöschliche Tinte

Zu 20 Gramm Pottasche, die in siedendem Wasser aufgelöst ist, setzt man 10 Gramm gehörig zerkleinerte tierische Substanz (Schabsel, was die Gerber mit den Messern von den Häuten abnehmen, zu) und 5 Gramm Schwefelblumen. Das ganze kocht man in einem gußeisernen Gefäß bis zur Trockne ein, und erhitzt es darauf stärker, unter bestän-

---

[7] D. i. feiner weißer Zucker.

digem Umrühren und sorgfältiger Verhütung einer Entzündung, bis die Masse sich erweicht. Hierauf setzt man nach und nach eine angemessene Menge Wasser hinzu und filtriert die Flüssigkeit durch ein lockeres Tuch. Die erhaltene Flüssigkeit ist sehr dunkel und läßt sich in einer Flasche beliebig lange aufbewahren; Man muß indes die Flasche immer möglichst verschlossen halten, was übrigens kein Übelstand ist, denn eine einzige Feder voll dieser Flüssigkeit reicht hin, eine bis zwei Quartseiten zu beschreiben. Die Flüssigkeit besitzt überdies alle nur zu wünschenden Eigenschaften einer unzerstörbaren Tinte; sie fließt viel leichter als gewöhnliche Tinte und verstopft durchaus nicht die Feder; auch widersteht sie den kräftigsten chemischen Wirkungen; besonders kann sie, ohne weitere Beimischung, mit gutem Erfolg zum Zeichnen der Wäsche gebraucht werden.

Tinte zum Linieren zubereiten, welche man wieder auslöschen kann

Nimm Weinstein und brenne ihn zu Asche, bis er weiß geworden ist. Davon nimm 1 oder 2 Lot, tue es in eine Schüssel mit Wasser und lasse es zergehen. Hernach seihe es durch ein Tuch und tue dann etwas kleingeriebenen Goldstein oder Lapis lydius dazu. Hieraus entsteht eine Tinte, die sich mit Brot wieder ausreiben läßt.

Tinte auf Pergament, welche man wieder auslöschen kann

Nimm Schießpulver, zerreibe es, dann vermische dasselbe mit Flußwasser und schreibe dasselbe auf

Pergament. Will man diese Schrift wieder weghaben, so wischt man nur mit einem wollenen Läppchen über das Pergament her.

Wie alte erbleichte Buchstaben wieder zu erneuen

Man muß Galläpfel in kleine Stücke zerstoßen und Weinessig darübergeben, dieses dann 24 Stunden zum Ausziehen stehen lassen. Danach taucht man mit etwas Baumwolle in dieses Wasser, überfährt die bleiche Schrift damit, so wird sie wieder gut zu lesen sein.

5. Abteilung

Mit Gold, Silber und anderen Metallen aus der Feder zu schreiben

Mit Messing, Kupfer und anderen Metallen

Man nehme eine Quantität Salz, drücke dieses in einen neuen Topf recht feste ein, setze es aufs Feuer, damit das Salz glühend werde. Dann nimmt man es vom Feuer ab und läßt es erkalten. Wenn man nun mit diesem Salz Metalle beschreiben will, so nehme man einer Haselnuß groß davon, seihe die gefeilten Metalle durch ein Haartuch oder Haarsieb dazu, und reibe beides mit Gummiwasser und ein paar Tropfen Jungfernhonig[8]auf einem recht harten Reibestein ganz fein; danach nimmt man die Masse vom Stein ab, tut sie in eine Muschel und läutert mit warmen Wasser etwas viermal aus einer Muschel in

---

[8]D. i. reiner, aus der Wabe fließender Honig.

eine andere das Salzwasser wieder ab, bis die Metalle ganz rein auf dem Grunde liegen; sodann gießt man das warme Wasser auch ab, tut nun zu den Metallen dünnes, nicht zu starkes Gummiwasser, schreibt damit, läßt die Schrift trocken werden und glättet sie in der Wärme mit einem Zahn[9], so wird sich die Schrift sehr glänzend zeigen.

Mit Gold und Silber

Man nehme vom vorhin angezeigten Salz einer Haselnuß groß oder etwas mehr, tue es auf einen Reibestein, gieße Gummiwasser daran und reibe es durcheinander. Dann lege ungefähr 12 oder 14 Blatt Gold oder Silber hinein, tue es vom Stein in eine Muschel, gieße warmes Wasser darauf und rühre es stark mit einer Feder um; so schmilzt das Salz, und das Gold oder Silber fällt zu Grunde. Danach gebe man das Salzwasser rein ab und gebe wieder frisches Wasser darauf, rühre es abermals um, und wenn sich das Gold wieder gesetzt hat, so gebe man vier- oder fünfmal, oder so lange, bis sich das Gold völlig gesetzt und das Wasser klar obenauf steht, frisches Wasser nach. Dann gibt man das Wasser rein ab und vermischt den Grund mit einem dünnen Gummiwasser, rührt es stark um, und schreibt damit. Wenn es nun trocken geworden, so glättet man es mit einem Zahn ab.

Auf eine andere Art

Nimm 1 Lot oder etwas mehr arabisches Gummi, lasse ihn zergehen und ein wenig dick werden; nun

---

[9] D. i. ein Glättzahn, der in Regel aus Achatstein hergestellt.

nimm einer Walnuß groß von diesem Gummi, tue es auf einen Reibestein, lege noch von dem Gold oder Silber mehrere Blätter ein nach dem anderen auf und reibe dieses fein durcheinander. Je mehr man von dieser Tinte haben will, desto mehr Gummi hat man zu nehmen. Dann gieße das zerriebene in eine Muschel, hat sich nun dasselbe gesetzt, so gebe man es in eine andere Muschel, und wiederhole dieses solange, bis es sich völlig gereinigt hat; dann vermische man es mit Gummiwasser, jedoch mit nicht zu starkem, schreibe damit, und glätte, wenn es trocken geworden, mit einem Glättzahn ab.

Gold- oder Silbertinte zu machen

Dazu dient folgendes Rezept:
Man nehme geschlagenes Blattgold oder Silber, und reibe es auf einem Reibestein mit weißem feinen Zucker zu Pulver. Nachdem tue dasselbe in ein großes Glasgefäß und mische es mit Wasser. Das Gold oder Silber sinkt durch sein Gewicht zu Boden, und der Zucker löst sich im Wasser auf. Danach gieße man die Flüssigkeit ab und wasche das übrig gebliebene Pulver von neuem im Wasser, bis alles Zucker daraus ausgezogen; trockne das Pulver, welches dann äußerst glänzend erscheint. Soll damit geschrieben oder gemalt werden, so macht man dasselbe mit einer Auflösung arabischen Gummis an, und die Tinte ist fertig. Wenn damit geschrieben ist und sie ist trocken, so kann sie mit einem Zahn poliert werden.

Vermittelst eines Grundes Gold- und Silberschrift zu machen

Nimm 1 Lot Gummi Ammoniacum, zerreibe es auf einem Stein, tue guten Essig und ein paar Tropfen Honig daran, reibe dieses alles solang untereinander, bis der Gummi weich geworden. Sollte er sich aber im Reiben blättern, so tue ihn in ein irdenes Gefäß und lasse ihn auf glühenden Kohlen zergehen, aber nicht zu heiß werden. Wenn er dann erkaltet ist, so schreibe man damit auf Pergament oder Papier, lasse die Schrift eintrocknen, dann hauche darauf, damit sie wieder etwas feucht wird und lege das Gold oder Silber auf. Danach kann man mit einem Zahn oder etwas Baumwolle das Gold aufdrucken, und nach einigen Minuten das überflüssige Gold oder Silber mittels Baumwolle oder einer Hasenpfote abstreichen.

Mit Metall auf Holz zu schreiben

Bereite die Metalle wie angezeigt, jedoch muß der Gummi recht stark angesetzt werden, tue dann ½ Lot Gummi Tragant hinzu, so hält es fest am Holz, danach poliere die Schrift mit einem Zahn, so wird sie schön und glänzend sein.

Mit Gold oder Silber auf Glas zu schreiben

Nimm Gold oder Silber und bereite es, wie angegeben; jedoch gibt man statt des Gummiwassers ½ Lot Scheidewasser und ½ Lot von Kirschblut[10]gemachten Saft dazu, vermische das Gold oder

---

[10]D. i. Kirschgummi.

Silber damit und male oder schreibe damit auf Glas, und lasse es gut eintrocknen.

Auf Glas mit Gold zu schreiben und mit Farben zu unterlegen

Nimm schwarzgebranntes Elfenbein, reibe solchen mit Essig und bestreiche damit das Glas. Auch kann man Berggrün, Kugellack[11]und andere mit Essig angeriebene Farben nehmen, hernach legt man eine Schrift darauf, die auf der linken Seite mit Bleiweiß entworfen, und reißt dieselbe mit einem Griffel nach. Dann wird mit einer stumpfen Feder die Farbe ausgekratzt, der Grund mit Spicanarden-Öl[12]bestrichen, und ein Blatt Gold darauf gelegt. Nach-dem alles getrocknet, wische man das überstehende Gold hinweg.

Auf einer zinnenen Schüssel oder Kanne zu schreiben

Bestreiche ein Stück Papier mit Talg, lege die bestrichene Seite auf die Schüssel und schreibe mit einem stumpfen Holzstift auf dem Papier, so wird sich die Schrift auf das Zinn drücken; streut man nun ein wenig Kohlenstaub darauf, dann wird man alle Buchstaben leicht erkennen können.

---

[11]D. i. Rotholzlack.
[12]D. i. Speiklavendelöl.

Auf Stein zu schreiben

Dies geschieht mit leichter Mühe mit der Galle eines Bocks, danach legt man den Stein in Essig, so wird sich die Schrift wie eingegraben zeigen.

Auf Tuch oder Leinwand mit Gold zu schreiben

Nimm Gummi Serapin, arabisches Gummi und Gummi Ammoniacum, von jedem gleich viel, dieses wird mit Essig angemacht und etwas Bleiweiß zugegeben, alsdann auf einem Stein tüchtig durcheinander gerieben. Nun schreibe man damit auf Tuch oder Leinwand, lasse die Schrift trocknen, lege die Ware dann an einen feuchten Ort und das Gold auf die Schrift, lasse es wieder trocken werden und wische das überflüssige Gold mit einem Tuchlappen oder Baumwolle ab.

Anm. Alle Metalle, welche mit Salz abgerieben werden, darf man nicht über Nacht stehen lassen, indem sie sonst zu leicht rosten.

6. Abteilung

Sympathetische Tinten

Man versteht unter einer sympathetischen Tinte eine jede Flüssigkeit, mit welcher man schreiben kann, ohne daß die Buchstaben zum Vorschein kommen und nicht eher gelesen werden können, bis man Mittel angewendet hat, die ihnen eine Farbe verschaffen. Man kann solche in Absicht auf die Mittel, deren man sich bedient, um die unsichtbare

Schrift sichtbar zu machen, in fünf verschiedene Arten einteilen.

Die erste Art bringt man zum Vorschein, wenn man über die unsichtbare Schrift eine andere Flüssigkeit streicht, oder sie der Ausdünstung derselben ausgesetzt hat.

Die zweite Art ist diejenige, die verborgen bleibt, solange sie eingeschlossen ist, hingegen bald darauf sichtbar wird, wenn man sie der freien Luft aussetzt.

Die dritte Art wird sichtbar, wenn man eine färbende Materie in einem zarten Pulver darauf streut.

Die vierte Art ist diejenige, die durch eine angebrachte Wärme zum Vorschein kommt, aber sogleich wieder verschwindet, wenn das Papier kalt geworden ist.

Die fünfte Art kann erst dann gelesen werden, wenn man das beschriebene Papier in Wasser hält oder legt.

Sympathetische Tinten 1. Art

Lasse 2 Lot zerstoßene Silberglätte mit 8 Lot reinem Weinessig bei gelinder Wärme ausziehen, und filtriere hernach die Flüssigkeit. Mit dieser Flüssigkeit schreibe man nun aus einer ganz neu geschnittenen Feder, was man beliebt, und lasse die Schrift von sich selbst trocken werden.

Hiernächstmuß man noch folgendes bereitet haben: 1 Lot feingestoßener Auripigment und 2 Lot ungelöschter Kalk wird mit ½ Quart Wasser in einem irdenen Topf auf gelindes Feuer gesetzt, und bis zur Hälfte eingekocht, dann filtriert und in einer gut zugepfropften Flasche aufbewahrt.

Will man nun die unsichtbare Schrift zum Vorschein bringen, so schüttet man etwas von dem eben beschriebenen Flüssigen in ein flaches Schälchen, und hält die unsichtbare Schrift eine kurze Zeit darüber, oder man bestreicht das Papier damit auf der unbeschriebenen Seite; so wird in beiden Fällen das verborgene sichtbar werden. Der Dunst dieses Wassers ist so wirksam, daß er sogar durch ein ganzes Buch Papier den gleichen Erfolg verursacht.

Oder: Löse etliche Gran Gold in ein wenig Königswasser auf und verdünne die Auflösung mit dreimal soviel destilliertem gemeinen Wasser.

Oder: Weiche 1 Lot feingestoßene Galläpfel mit 2 Tassen voll Wasser etliche Tage in einem Glas ein, dann schreibe damit aus einer neuen Feder auf Papier, so wird man, nachdem die Schrift trocken geworden, nichts davon erkennen können. Läßt man aber etwas Eisenvitriol in Wasser auflösen und bestreicht mit diesem Wasser die Schrift, oder zieht nur ein einziges Mal das Papier durch selbiges, so wird die verborgene Schrift sogleich zum Vorschein kommen.

Oder: Man schreibe mit einer Auflösung von gemeinem Vitriol, wozu man ein wenig Scheidewasser gegossen hat, vorerwähntermaßen auf Papier, und bestreicht hernach die abgetrocknete unsichtbare Schrift mit dem vorbereiteten Extrakt des Berliner Blaues, in welchem Fall die verborgene Schrift sich in einer schön blauen Farbe offenbaren wird.

Eine Schrift, die mit einer gewissen Farbe beschrieben worden, zu verwandeln, so daß sie eine ganz andere Farbe bekommt.

Schreibe auf ein Blatt Papier mit der blauen Tinktur was man beliebt, und frage eine Person, ob sie wünsche, daß man diese Schrift in rote oder grüne Farbe verwandeln solle. Halte dazu einen Schwamm in Bereitschaft, an welchem man leicht 2 verschiedene Seiten bemerken kann, wovon eine mit verdünntem Vitriolgeist[13]und die andere mit einer Auflösung des Weinsteinsalzes angefeuchtet wird. Mit diesem Schwamm bedrücke die Schrift, wenn sie rot werden soll mit dem Vitriolgeist, und wenn sie grün verlangt wird, mit dem Weinsteinsalz, vermittelst derjenigen Seite des Schwammes, welche zuvor damit angefeuchtet worden ist, und zeige hierauf, daß sich die Schrift in diejenige verwandelt hat, welche man sich wählte.

Eine Schrift, welche mit einer weißen Farbe sichtbar wird, wenn sie in eine besondere Flüssigkeit eingetaucht worden.

---

[13] Erhält man durch die Verdünnung 1 Teils Schwefelsäure (Vitriolöl) mit 2-3 Teilen Wasser. Man muß dazu die Schwefelsäure behutsam-vorsichtig ins Wasser tröpfeln, nicht umgekehrt! Die rauchende Schwefelsäure verliert dadurch alle rauchende Eigenschaft.

Löse ein Quentchen Bleizucker in 2 Lot destilliertem Weinessig auf, und schreibe oder zeichne damit auf Papier. Wenn die Schrift trocken geworden, so wird man nichts davon sehen können; will man aber das Verborgene zum Vorschein bringen und sichtbar machen, so tauche das Papier in eine Schüssel mit Wasser, worin eine Handvoll Küchensalz vorher ganz aufgelöst worden ist und lasse es eine kleine Weile darin liegen. Hierdurch wird die unsichtbare Schrift mit einer solchen milchweißen Farbe sichtbar werden, daß sie die Weiße des Papiers weit übertrifft.

Sympathetische Tinten 2. Art

Zu dieser zweiten Art gehört auch die bereits vorerwähnte geschwächte Auflösung des Goldes, indem eine damit bereitete Schrift sichtbar wird, ohne daß man eine Auflösung des Zinnes darüber streicht, wenn man sie nur eine oder zwei Stunden der freien Luft aussetzt. Die Schrift färbt ganz unvermerkt, bis sie zuletzt so dunkelviolett wird, daß sie beinahe schwarz aussieht. Wenn man hingegen das Papier, auf welches man geschrieben hat, anstatt dasselbe der freien Luft auszusetzen, in einem wohlverschlossenen Kästchen verwahrt, oder in einem Papier gut eingewickelt erhält: so wird diese Schrift 3 bis 4 Monate unsichtbar bleiben, nach dieser Zeit aber wird sie anfangen sich zu verfärben und eine dunkelviolette Farbe annehmen. Sollte diese also zubereitete Tinte bei dem Schreiben gelbe Flecken auf dem Papier verursachen, so gieße man noch ein wenig Wasser dazu.

Oder: Löse etwas feines Silber in Scheidewasser auf und schwäche dann die Auflösung mit destilliertem Regenwasser so lange, bis das Papier nicht mehr davon angefressen wird.

Die Schrift: Wozu man diese Tinte gebraucht, wird 3 bis 4 Monate unsichtbar bleiben, wenn man sie in einem Kästchen wohlverschlossen aufbewahrt; legt man sie aber in die Sonne, so wird sie nach einer Stunde sichtbar und in einer grauen Farbe erscheinen.

Man kann auch zu dieser zweiten Art der sympathetischen Tinte verschiedene andere Metallauflösungen rechnen, nämlich: Das in Weinessig aufgelöste Blei, die Auflösung des sublimierten Mercurs[14]in Wasser, des Kupfers in Scheidewasser, und des Zinnes in Königswasser. Alles diese Auflösungen geben, wenn sie der freien Luft ausgesetzt werden, eine jede eine besondere Farbe; doch haben sie mehrenteils das unangenehme an sich, daß sie das Papier angreifen, so daß die Buchstaben, die mit diesen Tinten geschrieben wurden, nach einiger Zeit ganz durchlöchert sind.

Belustigungen mit den angeführten Tinten von der zweiten Art

Die Schrift in der Tasche

Man nehme einige kleine viereckige Blätter Papier und schreibe auf dieselben mit gewöhnlicher Tinte nach Belieben verschiedene Fragen, über eine jede dieser Fragen aber schreibe die Antwort aber mit

---

[14] D. i. gereinigtes Quecksilber.

der sympathetischen Tinte von Gold oder Silber darauf, verwahre dann diese Papier in einem Buch oder einer Brieftasche, und wenn man sich derselben bedienen will, so biete sie einer anderen Person an und lasse sie eine Frage aussuchen. Ist das geschehen, so möge sie solche in die Tasche stecken und zuhause dann das Papier der freien Luft aussetzen, so wird sie am andern Tage sehen, daß auch die Antwort auf die Frage auf dem Papier enthalten sei.

Man kann auch mit der Tinte von Gold die Antworten auf verschiedene Papiere schreiben, und zu einer anderen Person sagen, daß sie nach eigenem Belieben eine Frage erwählen möge, danach lasse sie auf eine geschickte Weise dasjenige Papier herausziehen, auf welchem die Antwort steht, übergebt ihr sodann solches mit der Bemerkung, daß sie morgen auf demselben die Antwort finden werde.

Weil diese sympathetische Tinte von Gold zuweilen das Papier ein wenig befleckt, so kann man sich solcher Blätter bedienen, die man vorher mit einer sehr schwachen gelben Farbe angestrichen hat, welches mit einem Wasser geschieht, in dem nur ein wenig Gummi Gutta oder Safran aufgelöst worden.

Sympathetische Tinte 3. Art

Diese Art begreift überhaupt nur alle diejenigen Flüssigkeiten in sich, die keine Farbe haben, und also, wenn sie zu einer Schrift oder Abzeichnung auf dem Papier angewandt werden, unsichtbar bleiben, dabei aber doch bei der ordentlichen

Abtrocknung ein wenig Klebrigkeit zurücklassen, worin der Grund beruht, daß man das damit geschriebene Unsichtbare sichtbar machen kann, wenn man ein zartes farbiges Pulver darüberstreut. Man kann dazu viel zähe ungefärbte Säfte der Früchte und Pflanzen anwenden, unter andern dienen dazu die Säfte von Äpfeln und Birnen, Zitronen oder Quittensaft, Zwiebelsaft, der frische Saft von gelben Möhren (Wurzeln), die Milch und viele dergleichen mehr. Mit allen diesen verschiedenen Flüssigkeiten kann man nur auf Papier schreiben, und nach der Trocknung vorerwähntermaßen die unsichtbare Schrift zum Vorschein bringen.

Man kann demnach eine solche Schrift oder Zeichnung entweder mit gemahlenem Gold oder Silber, dunkelblauer Smalte oder mit einem feinem Uhrsand, der entweder mit Zinnober, Florentinerlack, Grünspan, Safran oder Kienruß verschiedentlich gefärbt worden, bestreuen, und auf solche Art, nach dem Wunsch eines jeden eine dergleichen unsichtbare Schrift in roter, blauer, gelber, grüner oder schwarzer Farbe zum Vorschein bringen.

Ein magischer Streusand

Man nehme 2 Lot gemeinen Vitriol und lasse ihn auf einem warmen Ofen trocken werden, wobei er in ein weißliches Pulver zerfallen wird. Dieses wird dann noch in einem steinernen Mörser aufs Zarteste zerrieben, mit zweimal soviel recht feinem, weißem Streusand vermischt, und in eine Streubüchse geschüttet.

Nachdem macht man eine starke Abkochung von Galläpfeln, die man sich setzen lassen und dann filtrieren muß. Mit dieser wenig gefärbten hellen Flüssigkeit schreibt oder zeichnet man vor den Augen einiger Zuschauer auf gut geleimten Papier einige Zeilen oder eine Figur, wovon niemand etwas wird erkennen können; sowie man aber die Feder niederlegt, bestreut man sogleich das Geschriebene, ehe es trocknet, mit obigem Sand, und läßt ihn eine kleine Weile darauf liegen. Wenn man ihn dann abschüttet, so wird das Geschriebene oder die Zeichnung schwarz sein.

Sympathetische Tinte 4. Art

Man nimmt 4 Lot reinen Salpetergeist, schüttet ihn in ein Kölbchen und tut nach und nach soviel von gestoßenem Farbenkobold[15]hinein, als sich darin auflösen kann, wobei man aber das Gewicht des eingetanen Kobolds anmerken muß. Die geschehene Auflösung wird dann filtriert und dasjenige, welches sich davon nicht aufgelöst, wird mit Wasser wieder gereinigt, getrocknet und gewogen, und von dem ersteren Gewicht des Kobolds abgezogen, damit man erfahre, wieviel davon durch den Salpetergeist aufgelöst worden. Danach nimmt man ebenso viel gemeines Kochsalz, als sich von dem Kobold in dem Salpetergeist aufgelöst hat, schüttet solches in einem proportionierten gläsernen Destillierkolben, gießt die filtrierte Auflösung des Kobolds darauf und treibt es bei gehöriger Feuerswärme fast bis zur Trockenheit. Das übergegangene taugt nichts, zu demjenigen aber, was in der Retorte

---

[15] D. i. Kobalterz.

(Destillierkolben) zurückgeblieben, schüttet man 3 bis 4 Lot destilliertes Wasser hinzu und löst damit alles auf, was aufgelöst werden kann; hernach schüttet man alles auf einen Filter.

Was man dieser Tinte schreibt oder zeichnet, wird nicht eher zum Vorschein kommen, als bis man das Papier in eine gelinde Wärme oder an die Sonnenstrahlen bringt, wodurch das Unsichtbare in einer meergrünen Farbe zum Vorschein kommen wird. Das sonderbarste an dieser Tinte ist, sobald das Papier wieder kalt wird, sie wiederum verschwindet, aber alle Zeit bei einer neuen Erwärmung zum Vorschein kommt, so daß man diese Belustigung öfters wiederholen kann, wenn man nur dabei beobachtet, daß man das Papier nicht zu sehr erwärmt, weil sonst diese Wirkung umso eher vernichtet wird.

Wenn man nach der ersten Auflösung des Kobolds, statt des Küchensalzes, gereinigten Salpeter hinzutut, und im Übrigen vorgeschriebenermaßenverfährt, so bekommt man eine rosenfarbige Tinte, die ebenso wie die grüne Tinte sichtbar wird und wieder verschwindet.

Eine andere sympathetische Tinte dieser Art erhält man, wenn eine gleiche Mischung Salpetersäure und Wasser auf reines Quecksilber gegossen wird, und solange darauf stehen bleiben kann, bis sich nichts mehr auflöst, was einige Tage dauern wird. Dieser Auflösung bedient man sich wie der gewöhnlichen Tinte; wird das Papier erwärmt, so erscheint die Schrift in einem schönen Schwarz.

Sympathetische Tinte 5. Art

In ein nicht volles Quart Wasser tut man 4 Lot fein pulverisierte Galläpfel und läßt es auf gelindem Feuer bis zu einem halben Quart einsieden, dann läßt man es erkalten und filtriert es durch Makulatur. Oder man löst in einem anderen halben Quart reinen Wasser 4 Lot Eisenvitriol auf und filtriert es ebenfalls.

Man läßt nun in reinem Wasser so viel fein gepulverten Alaun oder gereinigten Salmiak zerschmelzen, als das Wasser davon auslösen kann, und schreibt mit einem von dem vorbeschriebenen Wasser vermittels einer neuen Feder auf ein Stückchen Papier, von welcher Schrift, nachdem sie trocken geworden, niemand etwas erkennen wird; legt man aber ein solches Blatt Papier in dieses Alaun- oder Salmiakwasser, so wird die Schrift hernach deutlich gelesen werden können, wenn man es aus dem Wasser nimmt und gegen das Licht hält. Man kann dieses auch zu verschiedenen Belustigungen mit anwenden.

Eine Schrift zu schreiben, die, wenn sie mit einem besonderen Wasser überstrichen wird, gänzlich verschwindet, und an deren Stelle eine andere verborgene Schrift erscheint.

Man nehme eine klare Auflösung von gemeinem Vitriol in Wasser, dergleichen zuvor schon beschrieben worden, und schreibe mit selbiger auf Papier, was man jemand im Geheimen bekanntmachen will; so wird man nach der Abtrocknung nichts davon erkennen. Damit sich aber gleichwohl zur Vermeidung des Argwohns auf dem Papier eine Schrift zeige, so reibe man etwas aus Leinen gebrannten Zunder sehr zart mit ein wenig schwachem Gummiwasser ab, daß es einer dicken Tinte ähnlich werde, und schreibe damit zwischen die Zeilen der verborgenen Schrift, die man etwas weit voneinander geschrieben haben muß, von ganz gleichgültigen Dingen.

Wenn nun eine andere Person die verborgene Schrift lesen will, so nimmt sie abgeredetermaßen ein stark abgekochtes Galläpfelwasser, taucht ein reines Schwämmchen darin und wischt damit die schwarze Schrift von dem Papier ab, wobei zugleich die verborgen gewesene zum Vorschein kommt.

Auf einem ganz schwarzen Papier eine verborgene Schrift sichtbar zu machen

Man rühre den Dotter von einem Ei in einer Tasse mit etwas Wasser, bis es zum Schreiben flüssig genug ist. Mit selbigem schreibe man auf ein Blatt Papier, was man beliebt und lasse es gut abtrocknen. Sodann streiche man über die Schrift mit einem in Tinte getauchten Pinsel her, und läßt es trocken werden.

Wenn man nun die auf solche Art verborgene Schrift entdecken will, so schabt man mit einem Messer auf der Seite, wo sie die Schrift befindet, so lange auf dem Papier hin und her, bis die mit Tinte überstrichenen Buchstaben völlig abgesprungen sein werden, worauf das Geschriebene gelblich zum Vorschein kommen wird.

Mit Wasser, Wein, Bier, Essig oder anderen dergleichen hellen Flüssigkeiten aus einer neuen Feder schwarz zu schreiben

Man mische 1 Lot zu feinem Pulver zerstoßene Galläpfel mit ebenso viel fein zerstoßenem Eisenvitriol und reibe solches mit etwas Baumwolle sehr stark auf einem Blatt Papier ein, das letzteres etwas rauh davon werde, danach schüttle das überflüssige Pulver vom Papier ab. Auf selbiges schreibe man nun mit einer von den vorbenannten hellen Flüssigkeiten aus einer neuen Feder, was man beliebt, und es wird sich zeigen, daß alle Buchstaben sogleich schwarz erscheinen.

Wie eine ungesehene Schrift auf Glas geschrieben werden kann

Man macht einen Griffel von spanischer Kreide, schreibt damit auf Glas, und wischt auf eine leichte Art die Schrift wieder mit einem leinenen Läppchen ab. Will man solche sichtbar machen, so darf man nur auf das Glas hauchen. Die Schrift kann oft sichtbar gemacht werden und verschwindet jederzeit wieder.

Ein Papier zu bereiten, worauf man ungesehene Buchstaben schreiben kann

Schweinefett vermische gut mit ein wenig Terpentin, nimm dann davon einen kleinen Teil und streiche denselben sehr gleichförmig und ganz dünn auf ein zartes Papier. Wenn man nun von dieser Zubereitung Gebrauch machen will, um einen geheimen Brief zu schreiben, so lege dieses zubereitete Papier auf dasjenige, welches man beschreiben will und schreibe auf das erste Papier mit einem stumpfen Griffel oder Stifte. Auf diese Weise wird sich eine fette Materie auf dem zweiten oder untenliegenden Papiere an allen den Orten anhängen, worüber der Stift geführt worden ist, und derjenige Freund, der den Brief bekommen soll, wird denselben lesen können, wenn er sehr fein gesiebten Kohlenstaub oder anderen gefärbten Staub darüber streut.

7. Abteilung

Verfertigung des Siegelwachses

1.
Grünes Siegelwachs zu machen

Im Winter nimm ein halbes Pfund neues, gelbes Wachs[16], 6 Lot Terpentin, 2 Lot Baumöl und 1 Quentchen Grünspan. Im Sommer aber ein halbes Pfund Wachs, 4 Lot Terpentin, 1 Lot Baumöl und 1 Quentchen Grünspan. Das Wachs lasse man in einem Tiegel schmelzen und solange darin stehen, bis es etwas kühl geworden, danach tue den Terpentin und Baumöl hinzu, und rühre alles tüchtig um, sodann den Grünspan, und rühre es wieder um. Wenn dieses nun geschehen, so nimm die Form, mache sie naß und trockne sie mit einem Schwamm ab, gieße dann das Wachs hinein und lege sie in kaltes Wasser; so geht das Wachs von der Form ab und ist fertig.

---

[16] Als Wachs nehme man ausschließlich Bienenwachs.

2.
Rotes Siegelwachs

Nimm ein halbes Pfund gelbes Wachs, 4 Lot Terpentin, 2 Lot geriebenen Zinnober und 1 Lot Baumöl. Man verfahre damit, wie vorhin beschrieben ist, und wenn dieses Wachs im Winter gemacht werden soll, so nimmt man statt 4 Lot, 6 Lot Terpentin.

3.
Spanisches Wachs zu verfertigen

Man nehme Gummilack in Tafeln, lasse dasselbe in einem irdenen Topf zergehen, und menge dann darunter etwas Therebinth und Kolophonium. Wenn nun alles zusammengeflossen, so gibt man, um dem Wachs eine Farbe zu geben, etwas Zinnober oder Kienruß hinzu, und rührt alles tüchtig durcheinander. Will man das Wachs aber recht schön und wohlriechend machen, so bereite es auf folgende Art: Man nehme Spiköl,[17] gieße ihn in einen weiten Tiegel, daß der Boden davon bedeckt wird, und lasse ihn über Kohlen warm werden, tue dann 3 Lot Gummilack, 2 Lot Mastix und 1 Lot Sandarak dazu, und lasse es wieder zergehen. Dises alles wird dann umgerührt und damit verfahren, wie oben gesagt. Jedoch wird hierzu der Therebinth und das Kolophonium nicht gebraucht.

---

[17] D. i. Speiklavendelöl.

Tintenrezepte aus dem 18. Jahrhundert

Schwarze Tinte

1.
Nach Lewis

Nimm 1 Teil Blauholz und 3 Teile Galläpfel. Beides mischen und mit 32 bis 36 Teilen Wasser auskochen. Durchseihen und danach die Flüssigkeit mit 1Teil Eisenvitriol und 1 -1 ½ Teilen arabischen Gummi vermischen.

Oder: Alle Zutaten in einem Gefäß mischen und mit 16 bis 18 Teilen Essig und ebensoviel Wasser übergießen und an einen warmen Ort stellen. Dieses Gemisch ab und zu umrühren.

2.
Nach Macquer

Man nimmt Galläpfel 1 Pfund, arabisches Gummi 6 Unzen, Eisenvitriol 6 Unzen, Wasser oder Bier 4 Pfund.

Man zerstößt die Galläpfel grob, läßt sie 24 Stunden lang ohne Aufwallen als Aufguß stehen, setzt das grobgestoßene arabische Gummi dazu, und läßt es auflösen, zum Schluß setzt man den Eisenvitriol zu, der die schwarze Farbe sogleich erzeugt und filtriert danach die Flüssigkeit durch ein feines Sieb.

3.
Nach Wiegleb

Man lasse 3 Unzen gestoßene Galläpfel und eine Unze Eisenvitriol, mit 2 Nößel Wein oder Obstessig

in einem irdenen Topf kochen und mehrmals aufwallen. Sodann schütte man 1 Unze gestoßenes
arabisches Gummi hinzu. Wenn sich dieses aufgelöst hat, filtriere man die Flüssigkeit.

4.
Nach Hagen

Mische 9 Teile zerstoßene Galläpfel, 3 Teile Eisen-
vitriol, 1 Teil arabisches Gummi mit 40 Teilen
Wasser.

Tinte ohne Zusatz von Gummi

Nimm 4 Unzen gestoßene Galläpfel, übergieße diese
mit 16 Unzen Bieressig. Auf einen warmen Ofen
setzen, 1 Unze Eisenvitriol dazugesetzt und öfter
umrühren. Nach 4 Tagen ist die Tinte fertig.

Tinte ohne Galläpfel zu bereiten

Man setze 3 Lot getrocknete und zerstoßene Tor-
mentillwurzel (Tormentillaerecta L.) mit 14 Unzen
Regen- oder Flußwasser in einem irdenen Geschirr
aufs Feuer, läßt sie nur etliche Minuten aufkochen,
alsdann 6 Quentchen Eisenvitriol und 2 Quentchen
gestoßenen arabischen Gummi darin auflösen, und
während dem Erkalten öfter mit einem Stäbchen
umrühren.

Rote Tinte

1.

Um eine schöne rote Tinte zu erhalten, nimmt man des besten Fernambukholzes 8 Lot, gestoßenen Alaun und gereinigten Weinstein von jedem 6 Lot. Dieses wird in 1 Quart Regen- oder Flußwasser gekocht, bis die Hälfte davon übrigbleibt. Nachher wird zu diesem halben Maß noch warmer Tinte je 2 Lot arabisches Gummi und feiner Zucker hinzugefügt.

2.

Man erhält eine recht gute rote Tinte durch Aussiedung von 2 Unzen Fernambukholzes, einer halben Unze Alaun und 1 bis 2 Quentchen arabischen Gummi mit einem Nößel Wein- oder Obstessig, und nachheriger Durchseihung.

3.

Man erhält eine gute rote Tinte wenn man 3 Lot Fernambukholz, 1 Lot Alaun und 36 Lot Bier, bis zu 12 Lot einkocht, und dann ½ Quentchenfeinen Zucker zusetzt.

4.

Man nehme Mennige, 4 Lot, reibe solchen mit etwas Branntwein an, und dann mit Gummiwasser versetzt, so ist solche Tinte fertig.

Grüne Tinte

1.

Eine sehr gute grüne Tinte erhält man, wenn man 1 Unze Grünspan, 1 Quentchen Weinsteinrahm, 2 Quentchen arabischen Gummi mit Obstessig und reinem Wasser, von jedem 2 Unzen, übergießt und 24 Stunden ziehen läßt.

2.

Man verreibe 1 Lot Grünspan mit 1 Quentchen Weinsteinrahm. Dann übergieße man es mit 8 Lot weißen Weinessig, und setze etwas Gummi zu.
Soll die Tinte ganz licht werden, so setzt man eine Quantität Safran hinzu. Nimmt man statt des Safrans ein wenig Gummi Gutta, so erhält man eine zeisiggrüne Tinte.

3.

Löst man Saftgrün in Wasser auf, erhält man eine dunkelgrüne Tinte.

4.

Man nehme 4 Lot Grünspan, 2 Lot Weinstein, 1 Lot arabischen Gummi, dieses alles muß ganz klein gestoßen und zerrieben werden. Danach tue man es in ein Glas und gieße 8 Lot Rosenwasser darauf, und lasse es etliche Tage stehen, so hat man eine schöne grüne Tinte.

5.

Man nimmt Grünspan ½ Pfund, Saftgrün 3 oder 4 Lot, reibt es wohl untereinander mit Essig ab. Dann tue es in ein gläsernes Gefäß und gieße 4 Finger hoch scharfen Weinessig darauf, verschließe das Glas sorgfältig, setze es an eine warme Stelle, so wird der Essig überaus schön grün an der Farbe, denselben gieße rein ab, tue unter ein ganzes Maß desselben 4 Lot pulverisierten Gummi Arabicum, laß solchen darin zergehen, so hast du eine vor trefflich schöne grüne Tinte.

Blaue Tinte

1.

Man nimmt 4 Lot Berlinerblau, zerstößt es, und gießt darauf 4 Lot Salzsäure mit 4 Lot Wasser vermischt, rührt solches erwärmt wiederholt durcheinander, und nach Verlauf weniger Stunden wird das Berlinerblau zergangen sein. Jedoch muß man nicht zu kleines Gefäß dazu nehmen, weil diese Mischung anfangs etwas aufbraust, und so überlaufen könnte. Man verdünnt die Mischung nachher mit soviel oder wenig Wasser, als man die Tinte dunkel oder hell haben will, dann ist die Tinte fertig.

2.

Man nehme 1 Lot fein geriebenes Berlinerblau, und übergieße es mit 2 Lot Scheidewasser, setze es in die Wärme und lasse es einige Stunden lang stehen, wo das Blau zu einer dicken Masse aufgelöst wird. Nachher verdünne man dies mit soviel Wasser, daß die Säure schwach genug wird, das Blau fallenzulassen. Wenn es nun einige Stunden ruhig gestanden, und sich das Blau zu Boden gesetzt hat, so gießt man das Wasser ab. Dieses Blau nun bringe man mit 1 Quentchen Kandiszucker auf einen Reibstein, und reibe mit schwachem Gummiwasser so lange, daß es so fein als möglich wird. Alsdann vermische man es mit mehr Gummiwasser, daß es als Tinte flüssig genug ist.

3.

Man nehme 1 LotLackmus mit ½ QuentchenWeinsteinsalz und 4 Lot Wasser, lasse es an einem warmen Ort hinlänglich ausziehen und dann ½ Quentchen gestoßenen Gummi hinzusetzen.

Gelbe Tinte

1.

Man weiche ½ Quentchen gestoßenen Safran in 2 Lot eines starken Gummiwassers etliche Tage lang ein, und gieße es hernach durch eine Leinwand, damit das Pulver zurückbleibe.

2.

Man nehme 2 Quentchen reines Auripigment, zerreibe es fein und vermische es mit 2 Lotstarken Gummiwasser.

(54)

3.

Man nehme 2 Quentchen Gummi Gutta, und verreibe es mit 2 Lot Wasser. Ebenso geben Königs-gelb
(mineralischer Turpith) und Masticot[18]mit Gummiwasser abgerieben auch eine gute gelbe Tinte.

4.

Man nimmt wohlabgeriebenen Operment und ver-
mengt solchen mit Eiweiß und Gummiwasser.

5.

Goldgelb: Man nimmt Eidotter, drückt solchen
durch ein reines Tuch in ein reines Glas und tut
etwas Mennige dazu. Will es zu dick werden, so
gießt man etwas Gummiwasser darunter.

---

[18] D. i. Bleigelb.

Umrechnungstabelle für Gewichte

Zivilgewicht:

1 Pfund = 16 Unzen = 500Gr.
¼ Pfund = 4 Unzen = 125Gr.
2 Lot = 1 Unze = 30Gr.
1 Quent = 1 Drachme = 4Gr.
½ Quent = 30 Grane = 2Gr.
1 Gran = 1 Pfefferkorn = Ctgr.

Medizinalgewicht:

1 Pfund = 12 Unzen = 360Gr.
¼ Pfund = 3 Unzen = 90Gr.
1 Unze = 8 Drachmen = 30Gr.
1 Drachme = 3 Scrupel = 3,70Gr.
1 Scrupel = 20 Grane = 1,25Gr.
¼ Scrupel = 5 Grane = 3Dcgr.

Flüssigkeitsmaße:

1 Schoppen wiegt durchschnittlich ungefähr 14 Unzen, ist somit gleich 28 Lot = 440Gr. eines Zivilpfundes.
1 Nößel (Ößel) = 0,585 Liter.
1 Quart = 1,170 Liter.
1 Maß = 1,078 Liter.

Anmerkung zu den Mengenangaben der Rezepte

In den alten Rezepten wird in der Regel mit heute nicht mehr gebräuchlichen Maßbezeichnungen gerechnet.

In früheren Zeiten gab es das sogenannte Zivil- und das Apothekergewicht. Diese unterscheiden sich teils sehr voneinander. Welches der Gewichte, das Zivil- oder Apothekergewicht im entsprechenden Rezept verwendet wurde, kannleider oft nicht erkannt werden, nach einigen Versuchen wird man bald jedochein Gefühl für die richtigen Mengen bekommen. Erfahrungsgemäß bringt das Zivilgewicht die besseren Endresultate.

Über das Arbeiten mit den Rezepten

Man beachte unbedingt die Hinweise von J. C. Wegener in der „Rezept-Sammlung..." so werden unzweifelhaft die besten Ergebnisse zustande kommen.

GEFAHRENHINWEISE

Die in den historischen Rezepten verwendeten Zutaten sind größtenteils hochgiftig.
Der Arbeitsplatz sollte daher gut belüftet sein. Schutzbrille und Schutzhandschuhe sind unbedingt erforderlich, gegebenenfalls auch ein Atemschutz, wenn mit Säuren gearbeitet wird.
Kinder sind von diesen Materialen fernzuhalten. Es muß sehr genau auf die Gefahrenhinweise auf den Materialverpackungen geachtet werden.
Sollte trotz allem ein Unfall geschehen: Sofort zum Arzt!
Des Weiteren muss darauf geachtet werden, anfallende Chemikalienreste ordnungsgemäß zu entsorgen.

Bezugsquellen

Kremer Pigmente GmbH & Co. KG
Hauptstr. 41-47
DE 88317 Aichstetten
Tel. 07565-914480
E-Mail: info@kremer-pigmente.de
www.kremer-pigmente.de

Johannes Gerstaecker Verlag GmbH
Wecostr. 4
DE 53783 Eitorf
Tel. 02243-8890
E-Mail: info@gerstaecker.com
www.gerstaecker.de